BEI GRIN MACHT SICH IHR WISSEN BEZAHLT

AF149718

- Wir veröffentlichen Ihre Hausarbeit,
  Bachelor- und Masterarbeit

- Ihr eigenes eBook und Buch -
  weltweit in allen wichtigen Shops

- Verdienen Sie an jedem Verkauf

Jetzt bei www.GRIN.com hochladen
und kostenlos publizieren

Bibliografische Information der Deutschen Nationalbibliothek:

Die Deutsche Bibliothek verzeichnet diese Publikation in der Deutschen National-
bibliografie; detaillierte bibliografische Daten sind im Internet über http://dnb.d-
nb.de/ abrufbar.

Dieses Werk sowie alle darin enthaltenen einzelnen Beiträge und Abbildungen
sind urheberrechtlich geschützt. Jede Verwertung, die nicht ausdrücklich vom
Urheberrechtsschutz zugelassen ist, bedarf der vorherigen Zustimmung des Verla-
ges. Das gilt insbesondere für Vervielfältigungen, Bearbeitungen, Übersetzungen,
Mikroverfilmungen, Auswertungen durch Datenbanken und für die Einspeicherung
und Verarbeitung in elektronische Systeme. Alle Rechte, auch die des auszugsweisen
Nachdrucks, der fotomechanischen Wiedergabe (einschließlich Mikrokopie) sowie
der Auswertung durch Datenbanken oder ähnliche Einrichtungen, vorbehalten.

Impressum:

Copyright © 2014 GRIN Verlag, Open Publishing GmbH
Druck und Bindung: Books on Demand GmbH, Norderstedt Germany
ISBN: 9783668222670

Anonym

Das Portfolio als Alternative zur klassischen Leistungs-
beurteilung im Unterricht. Chancen und Grenzen

GRIN Verlag

GRIN - Your knowledge has value

Der GRIN Verlag publiziert seit 1998 wissenschaftliche Arbeiten von Studenten, Hochschullehrern und anderen Akademikern als eBook und gedrucktes Buch. Die Verlagswebsite www.grin.com ist die ideale Plattform zur Veröffentlichung von Hausarbeiten, Abschlussarbeiten, wissenschaftlichen Aufsätzen, Dissertationen und Fachbüchern.

Besuchen Sie uns im Internet:

http://www.grin.com/

http://www.facebook.com/grincom

http://www.twitter.com/grin_com

Universität Bielefeld

Fakultät für Erziehungswissenschaft

Veranstaltung: Modulbezogene Vertiefung "Umgang mit Heterogenität"

„Das Portfolio als Alternative zur klassischen Leistungsbeurteilung im Unterricht

– Chancen und Grenzen"

Inhaltsverzeichnis

1. Einleitung

In der Schule erfolgt die klassische Leistungsbeurteilung über die Notengebung mit Ziffern von eins bis sechs. Sie erlaubt es der Lehrkraft, die Leistung eines Schülers oder einer Schülerin in ein Leistungsspektrum einzusortieren, um zu bewerten, ob und wieweit er oder sie das zu erreichende Ziel erreicht hat. Außerdem gibt sie dem Schüler oder der Schülerin, aber natürlich auch den Eltern, eine Rückmeldung darüber, wie der aktuelle Leistungsstand ist, sodass gegebenenfalls Maßnahmen ergriffen werden können. Doch wie funktioniert dieses System und gibt es Alternativen? Wie verhält es sich bei mündlichen Leistungen? Oft sind Schüler unzufrieden mit ihren Noten, da sie sie als ungerecht und willkürlich empfinden und sich kein Bezug zu ihrer tatsächlichen Leistung erkennen lässt.

Im Rahmen dieser Hausarbeit soll die klassische Leistungsbeurteilung in ihrer theoretischen und praktischen Konzeption geprüft werden. Es sollen vor allem Schwächen der klassischen Leistungsbeurteilung aufgezeigt werden, um dann danach zu fragen, ob es Alternativen gibt die das leisten was die klassische Unterrichtsbeurteilung nicht vermag.

Im zweiten Teil dieser Untersuchung wird dann als eine mögliche Alternative die Methode „Portfolio" vorgestellt und analysiert werden. Nachdem die Methode allgemeinhin erklärt wird sollen Chancen aber auch Grenzen dieser Methode aufgezeigt werden, um Aussagen darüber treffen zu können, inwieweit das Portfolio in der Lage ist, eine Alternative oder Ergänzung zu der klassischen Leistungsbeurteilung dazustellen.

Im Letzten Teil der Hausarbeit werden die wichtigsten Erkenntnisse der vorangegangen Arbeitsschritte zusammengetragen und kritisch diskutiert, sodass sich bestenfalls Aussagen darüber treffen lassen ob die Methode „Portfolio" geeignet ist, um die klassische Leistungsbruteilung wie sie hier kritisiert wird, abzulösen, zu ergänzen oder ob sie sich als ungeeignet erweist.

Auf Genderfreundliche Begriffe soll in dieser Hausarbeit einfachheitshalber verzichtet werden, um die Lesefreundlichkeit des Textes nicht allzu sehr zu belasten; Es wird daher im Zusammenhang mit Lehrkräften und Schülerschaft durchgehend das Maskulinum verwendet.

2. Theoretische Grundlegung

2.1 Die Klassische Leistungsbeurteilung und ihre Grenzen

Möchte man die Grenzen der Leistungsbeurteilung über Zensuren aufzeigen, so muss zunächst einige Vorarbeit geleistet werden in dem nach der Funktion und Konzeption der Notengebung gefragt werden soll.

Die grundlegende Idee die hinter den Zensuren in unserem Schulsystem steckt, ist die der einstufenden Beurteilung und Bewertung. Die Leistung eines Schülers soll auf einem Spektrum von 1-6 eingeordnet werden. Die Ziffern des Spektrums sind dabei klar definiert und sollen hier kurz ausgeführt werden: 1: sehr gut, wird erteilt wenn die Leistung den Anforderungen in einem besonderen Maße entspricht. 2: gut, wird erteilt wenn die Leistung den Anforderungen voll entspricht. 3: befriedigend, wird erteilt wenn die Leistung den allgemeinen Anforderungen entspricht. 4: ausreichend, wird erteilt wenn die Leistung zwar Mängel aufweist, jedoch den Anforderungen noch entspricht. 5: mangelhaft, wird erteilt wenn die Leistung den Anforderungen nicht entspricht jedoch erkennbar ist das die notwendigen Grundkenntnisse vorhanden sind und die Mängel in naher Zukunft behoben werden können. 6: ungenügend, soll erteilt werden, wenn die Leistungen den Anforderungen nicht entsprechen und auch nicht erkennbar ist, dass die Lücken in den Grundkenntnissen in absehbarer Zukunft behoben werden können.[1]

Auf diesem Leistungsspektrum kann der Lehrer die schriftliche und mündliche Leistung des Schülers verordnen. Die Notengebung gewichtet sich differenziert nach Haupt- oder Nebenfach noch einmal unterschiedlich schwer: Ein mangelhaft in Sport wird beispielsweise in der Summe aller Noten anders gewertet als ein mangelhaft in Mathematik.

Der Zweck oder die Funktion der Noten ist dabei unterschiedlicher Art, sodass man feststellen kann, dass die Notengebung mehrere Ziele verfolgt: Wie bereits erwähnt ist die Grundfunktion der Notengebung die Beurteilung und Bewertung der Leistung eines Schülers. Darüber hinaus hat die Notengebung eine Auslese- oder Selektionsfunktion für die Gesellschaft indem Noten über Chancen auf dem Arbeitsmarkt und auf dem weiteren Bildungsweg entscheiden und damit auch über Lebenschancen.

Die Kontrollfunktion der Zensur gibt im engeren Sinne der elterlichen Aufsicht zugunsten Aufschluss darüber, ob der Schüler seiner Leistung nach kommen kann, sodass sie ihre Erziehung gegeben falls anpassen können. Sekundär gibt es auch dem Schüler Aufschluss

---

[1] Vgl. Ingenkamp 1974. S. 13f.

über sich selbst. Zudem soll die Leistungsbeurteilung in ihrer Konzeption für den Schüler aus psychologischer Sicht ein Leistungsanreiz sein, indem er sich mit sich selbst aber auch mit anderen vergleichen kann. [2]

Die Konzeption und Funktion der klassischen Notengebung stößt teilweise an ihre Grenzen wie nun aufgezeigt werden kann. Zunächst ist der Begriff „Leistung" wie er in der Definition der Notenabstufungen verwendet wird (s.S.3 o.) zu prüfen. Die Verwendung des Begriffes Leistung weist darauf hin, dass in der Schule danach gefragt wird, es sich also um ein Ideal handelt das Vorrausetzung ist, um eine gute Note erreichen zu können. Die Literatur beschreibt Deutschland als eine „Leistungsgesellschaft" und weist daraufhin, dass das Ideal der Leistung für alle Organe oder Systeme der Gesellschaft maßgeblich in ihrer Funktion ist.[3] Dieses Ideal findet sich demnach auch in der Schule wieder.

Jürgens stellt aber fest: *Auf jeden Fall in höchstem Maße problematisch muss es erscheinen, wenn man das Leistungsprinzip in Erziehung und Schule damit erklärt bzw. rechtfertigt, junge Menschen auf eine Bewährung in der Leistungsgesellschaft vorbereiten zu wollen[...].*[4]

Das Leistungsprinzip in der Schule muss also aus pädagogischer Sicht begründet werden welche stark an das demokratische Selbstverständnis unseres Staates geknüpft ist. Begriffe wie Mündigkeit, Selbst- und Mitbestimmung, Solidaritätsfähigkeit etc. sind daher Werte die die Erziehung maßgeblich beeinflussen sollten und die in diesem Sinne auch den Leistungsbegriff prägen müssten. [5]

Auch wenn der Begriff Leistung äußerst kritisch zu betrachten ist so kann er dennoch aus pädagogischer Sicht relativiert und humanisiert werden, sodass sich Leitideen ergeben von denen die in dieser Untersuchung als wichtigste erachtete (im Zusammenhang mit der Notengebung) erläutert werden soll :[6] „Leistung ist individuelles Lernen": Geht man davon aus, dass Leistung auch individuelles Lernen bedeutet, also das jeder Schüler gemäß seinen Vorrausetzungen (Intelligenz, körperliche Fitness, soziokultureller Hintergrund etc.) die Möglichkeit hat zu lernen, dann kann man annehmen, das auch das Ergebnis der „Leistung" unter den Schülern unterschiedlich ausfällt, sodass man sich die Frage stellt, inwieweit das Notensystem anwendbar ist, inwieweit eine einheitliche „Messlatte" an die Schülerschaft angelegt werden kann wenn doch eigentlich individualisiert werden müsste.

Hier müsste das Notensystem also ebenfalls individualisiert werden, welches sich dann jedoch in einem Widerspruch zu der Selektionsfunktion von Schule finden würde, sodass

---

[2] Vgl. Ingenkamp 1974. S. 49 ff.
[3] Vgl. Jürgens. 1998. S. 11.
[4] Jürgens 1998. S. 15.
[5] Vgl. Grunder 2001. S. 12.
[6] Vgl. Jürgens 1998. S. 21ff.

man wieder bei einem Leistungsbegriff angelangt bei dem es sinnvoll erscheint, ihn vom gesamtgesellschaftlichen Leistungsbegriff zu entkoppeln. [7]

Die im ersten Teil dieses Kapitels erwähnte Kontrollfunktion von Schule über die Notengebung kann man ebenfalls als kritisch betrachten. Denn sie gibt vor allem in der Sekundarstufe I und II weder den Schülern noch den Eltern wirklich Auskunft darüber, was der Schüler „geleistet" hat da sie keine Erläuterungen beinhalten, vor allem in Zeugnissen nicht. Weder die Eltern noch der Schüler selbst könnten also entsprechende Maßnahmen einleiten um den Defiziten entgegen zu wirken.[8]

Die Funktion *des Leistungsanreizes* ist ebenfalls zu prüfen, da sie aus einer Zeit stammt in dem der Wettbewerbs- und Vergleichsgedanke stärker vorhanden war als in der modernen Gesellschaft, (Er besteht immer noch aber es lässt sich aus psychologischer Sicht ein Trend erkennen der weggeht von einer reinen Wettbewerbsgesellschaft) sodass fraglich ist ob dieser Aspekt aus moderner pädagogischer Sicht noch so zu deklarieren ist. Aus psychologischer Sicht kann ein Leistungsanreiz zwar durchaus gegeben werden und förderlich sein, es wurde aber auch festgestellt, dass für den Schüler wenig transparent ist, welche Leistung er bereits gut erbracht hat, sodass er darauf aufbauen könnte. Zudem kann dieser Anreiz auch im Umkehrschluss betrachten werden: Eine schlechte Note kann motivationshemmend sein und ist dann der Beginn einer Abwärtsspirale.

Des Weiteren ist in einer Pädagogik die individualisieren will, wenig Platz für Vergleiche mit Mitschülern und Wettbewerb. Der Wettbewerb und Vergleich mit sich selbst und seiner Leistung zum Vortag sollte im Vordergrund stehen. Die „Anreizfunktion" der Ziffern ist zwar nicht völlig von der Hand zu weisen jedoch ist sie im Zusammenhang mit modernen Ansprüchen an Pädagogik wenig ausgereift, da sie zum größten Teil völlig auf eine umfassende Berichterstattung verzichtet.

Zudem kommen eine Folge weiterer Kritikpunkte die im Folgenden grob skizziert werden sollen: Zum einen kommt es bei Anwendung des Instrumentariums der Noten oft zu unbewussten Fehlern oder Effekten die die Objektivität des Instruments nicht mehr gewährleisten. Beispielsweise zeigten Studien das je nach der scheinbaren „Wichtigkeit" des Unterrichtsfaches strenger oder wohlwollender zensiert wird. Zudem beziehen Lehrer immer wieder einzelne Schüler auf die ganze Lerngruppe, sodass derselbe Schüler in einem anderen Zusammenhang eine andere Note bekommen würde. Ebenfalls ist die sozialschichtspezifische und geschlechterspezifische Zensierung nicht unerheblich: Hier bekommen Schüler aus gehobenen Schichten trotz gleicher Leistung bessere Noten oder

---

[7] Vgl. Grunder 2001. S. 28.
[8] Vgl. Ingenkamp 1974. S,54 ff.

wegen ihres Geschlechts. Zudem kommen weitere Erwartungshaltungseffekte wie der „Pygmalion-" oder „Halo Effekt" der die objektive Notengebung für die Lehrkraft erschwert.[9] [10]

2.2 Die Methode Portfolio

Bevor im weiteren Verlauf der Untersuchung die Chancen und Grenzen des Portfolios als eine möglich Alternative zur herkömmlichen Schülerbeurteilung diskutiert werden, soll die Methode zunächst erläutert werden mit Blick auf ihre Bedeutung, Herkunft, Konzeption und ihre Anwendungsmöglichkeiten.

Der Begriff Portfolio setzt sich aus den lateinischen Wörtern **„portare** "- *tragen*, **„folium**"- *Blatt* zusammen. Portfolio bedeutet demnach in seinem Ursprung so viel wie „Blättersammlung". Im Ursprung ist es eine Art Mappe, in der beispielsweise Künstler ihre Arbeiten sammelten, um ihre Entwicklung zu dokumentieren. Sogar an der Börse findet der Begriff eine Verwendung für die Wertpapieranlagen eines Kunden, die es ihm ermöglichen seine Anlagen über längere Zeit zu beobachten und Trends festzustellen.[11] [12]Die Literatur stellt aufgrund der verschiedenen Anwendungsbereiche des Portfolios treffend fest: *„Was unter einem Portfolio genau zu verstehen ist, bestimmt in erster Linie sein Verwendungszweck*"[13]

Auch in der Pädagogik und bei Didaktikern gibt es keine einheitliche Definition darüber, was ein Portfolio genau ist. Dennoch gibt es eine verbreitete Definition die wie folgt lautet:

„Ein Portfolio ist eine dynamische, zielgerichtete und systematische Sammlung von Arbeiten, die Bemühungen, Fortschritte und Leistungen des Lernenden in einem oder mehreren Lernbereichen darstellt und reflektiert."[14] [15]

Diese Bestimmung zeigt zwei Ansätze die man als zentrale Prinzipien der Portfolioarbeit benennen kann: Zum Einen ist es die Darstellung bzw. Dokumentation. Zum Anderen ist es die Reflexion der eigenen Lernfortschritte.

Die amerikanische Literatur bietet folgende Kategorisierung für Portfolios an: Zum einen benennt sie das „Best- Work-Portfolio" das über eine kleine Anzahl, meist vom Schüler selbst ausgewählte Werke verfügt, die die besten Leistungen des Schülers widerspiegeln. Die

---

[9] Vgl. Jürgens 1992. S. 57 ff.
[10] Vgl. Ingenkamp 1974. S. 60 ff.
[11] Vgl. Wiedenhorn 2006. S. 10.
[12] Vgl. Arnold u. Jürgens 2001. S.102
[13] Wiedenhorn 2006. S.10
[14] Ebd., S.10
[15] Vgl. Grittner 2009. S.66

andere Variante ist das „Growth- and Learning- Progress Portfolio". Es zeigt die Leistungsentwicklung des Schülers und enthält Arbeiten unterschiedlicher Leistungsgüte.[16]

Aus historischer Perspektive entstammt die Methode der Reformpädagogik zwischen 1890 und 1933, in denen Pädagogen das gängige Beurteilungsverfahren stark kritisierten und nach Alternativen suchten. Hier sind bereits Vorläufer des Portfolios zu finden mit dem Titel „Arbeitsmappe" oder „olivgrüne Hefte". Die Portfoliomethode wie sie heutzutage bekannt ist und genutzt wird entstammt den 1970er und 80er Jahren in denen Schulleistung vieldiskutierte Themen waren. Auch wenn hier der Schwerpunkt noch eher auf den Produkten des Portfolios lag und nicht auf den prozesshaften Charakter, lässt sich hier der Ursprung der Methode benennen. Besonders in den USA wurde die Methode im Zuge der Diskussion populär und fand großen Anklang, sodass sie von Reformpädagogen auch in Deutschland eingeführt wurde. Eine ebenso begeisterte Anwendung oder eine Art „Boom" fand die Methode hierzulande jedoch nicht. Erst nach Internationalen Vergleichsstudien wie Pisa wurde das Portfolio wieder neu entdeckt und in den Fokus von Pädagogen und Didaktikern gerückt, um das Alternative Repertoire zum klassischen Unterricht zu entwickeln.[17]

3. Das Portfolio als Alternative zur klassischen Leistungsbeurteilung

3.1 Chancen

Möchte man von der Methode Portfolio als Alternative zur klassischen Leistungsbeurteilung im Zusammenhang mit Chancen sprechen, so bietet es sich zunächst an einige Vorrausetzungen der Portfolioarbeit zu beschreiben die notwendig sind, um die Methode zu einer ertragreichen Alternative werden zu lassen.

Zunächst ist festzuhalten, dass das Portfolio trotz seiner fast 40 Jährigen Historie in deutschen Schulen nur wenig Einzug gefunden hat. Die Komplexität und Andersartigkeit der Methode mögen dazu ebenso ihren Teil beigetragen haben wie die bestehenden Strukturen der Schule, die den Einsatz von umfangreichen Methoden oft schwierig gestalten (Man denke an 45 Minuten Unterrichtsstunden oder straffe Lehrpläne). Möchte man das Portfolio in der Schule anwenden, ist eine umfassende Vorbereitung der Schlüssel zum Erfolg. Eine Arbeitsweise könnte dann so aussehen: Zunächst muss das grobe Thema vorgegeben werden (Dies richtet sich nach den Lernvorgaben des Lernplans und den dort

---

[16] Vgl. Arnold 2001. S. 103
[17] Vgl. Grittner 2009. S.70 ff.

vorgeschriebenen Kompetenzanforderungen an die Schüler) damit die Schüler sich Gedanken zu eine Fragestellung oder einem Mikrothema machen können. Wichtig ist das der Lehrer sich Zeit nimmt um die Schüler an die Methode heranzuführen, sprich Ziele und Erwartungen festlegt und Schülern auch Raum gibt ihre Ängste und Fragen, wenn nötig in Einzelgesprächen zu beantworten. Regelmäßige Rückmeldungen und Einzelgespräche dienen nicht nur dem Gelingen der Arbeit, sondern sind vor allem Elemente die eben eine Alternative Leistungsbeurteilung begründen. Im Blick stehen nicht nur das Endprodukt der Portfolioarbeit, sondern der Prozess und der individuelle Lernerfolg des Schülers der dann in eine Benotung einbezogen werden kann. Hier ist eine Chance der Methode zu sehen da der Schüler nicht eine Note bekommt ohne zu wissen wie sie sich zusammen setzt, sondern ihm durch regelmäßige Supervision aufgezeigt wird, wo in seinem individuellen Lernprozess Schwerpunkte zu setzen sind, wo Stärken und Schwächen liegen, sodass es ihm aber auch seinen Eltern möglich ist entsprechend zu handeln.[18]

Soll das Portfolio als Instrument zur Leistungsbeurteilung herangezogen werden, so bietet es sich laut Häcker an die Methode dadurch zu typisieren, dass sie weniger Einlagen beinhaltet um eine Bewertbarkeit möglich zu machen. Damit die eigentliche Intention der Methode, also ein individualisiertes Lernen nicht verloren geht, ist darauf zu achten, dass diese Einlagen transparent gestaltet werden und dem Schüler auch Wahlmöglichkeiten offen lassen. So könnte man differenzieren zwischen Pflichtaufgaben, die dann ein besonderes Augenmerk und Beratung bekommen und Wahlaufgaben, die gar nicht oder weniger in eine Bewertung einfließen.[19] Die eigene Bedeutsamkeit der Arbeiten für den Schüler darf dabei nicht verloren gehen da diese aus didaktischer Sicht wichtig ist möchte man ein nachhaltiges Lernen ermöglichen.

Eine Bewertung der Arbeit kann dann auf verschiedenen Wegen geschehen: Zum einen ist es möglich das die Schüler am Ende des Lernabschnittes eine Portfolio- Präsentation halten. Dies dient dann nicht nur der Bewertung, sondern vor allem unterstützt sie auch den Lernprozess des Schülers und motiviert ihn zusätzlich, weil er bei gelungener Präsentation „stolz" auf sich sein kann was für ein nachhaltiges Lernen ebenfalls wichtig ist. Da einige Schüler weniger begabt im Umgang mit Präsentationen sind, kann die Benotung auch auf ein „Portfoliogespräch" verlagert werden, bei dem der Schüler seine Entwicklung und seine Ergebnisse darlegt. Ein individuelles Gespräch ist in jedem Fall unumgänglich und ein nicht Wahrnehmen dessen würde die eigentliche Intention der Methode zu Nichte machen, da eine einfache Zensur genau vermieden werden soll.[20] Vordergründig sollte bei der

---

[18] Vgl. Wiedenhorn 2006. S. 16
[19] Vgl. Grittner 2009. S.71 ff.
[20] Vgl. Wiedenhorn 2006. S.16

Bewertung nicht nur die Qualität der Arbeiten stehen, sondern auch die Lösung des Problems, welche sich für den Schüler durch seine Fragestellung aufgetan hat. Hier ist nicht vordergründig welche Methoden er gewählt hat, sondern das er sich mit dem Thema auf eine für ihn dienliche Art und Weise auseinandergesetzt hat da dies die Lernmotivation unterstützt.[21]

Werden diese Anforderungen an die Arbeit mit der Methode Portfolio erfüllt so bieten sich eine Bandbreite an Vorteilen in Bezug auf die Bewertung und allgemein, die durch die klassische Unterrichtsbeurteilung so nicht erfüllt werden. Es werden die zeitgemäßen Anforderungen an Unterrichtsformen und didaktische Prinzipien erfüllt die auf einem modernen Leistungsbegriff aufbauen der im Gegensatz zu einem veralteten besonders individuelles-, selbstgesteuertes Lernen und schülerorientierten Unterricht fördert. Darüber hinaus ermöglicht es die Methode der Lehrkraft Diagnostisch genauer und „gerechter" zu bewerten. Den Schülern und Eltern wird ihr eigenes Lernen aber vor allem die Benotung transparent und nachvollziehbar. Das Portfolio bietet somit einen Schritt in Richtung einer [...]*differenzierten Bewertungs- und Feedbackkultur deren Ziel eine Verbesserung des Lernens ist.*[22]

3.2 Grenzen der Portfolioarbeit

Um eine ganzheitliche Perspektive auf das Portfolio als Alternative zur klassischen Unterrichtsbeurteilung zu ermöglichen soll nun auf die „Grenzen" eingegangen werden.

Wie im vorrangegangenen Teil beschrieben wurde, benötigt die Portfolioarbeit eine umfassende Vorbereitung, dies resultiert eben einmal aus der Komplexität der Methode aber zum großen Teil auch daraus, dass die Methode in Deutschland bisher wenig Anwendung fand und daher auf Seiten der Lehrkräfte und auf Seiten der Schülerschaft wenig Erfahrung vorhanden ist. Vor allem die umfassende Vorbereitung könnte bereits mehrere Unterrichtsstunden in Anspruch nehmen, sodass viel Zeit zum eigentlichen Lernen verloren geht. Ob die bessere Qualität des Lernens die „verlorene" Vorbereitungszeit auffängt sei dahin gestellt.

Zum Anderen sind die umfassenden Beratungsgespräche, die im Normalfall individuell verlaufen sollten, schwer in den eigentlichen Unterricht zu integrieren. Zwar könnte man diese in offenen Unterrichtsformen parallel anbieten allerdings ist dies schwer zu organisieren. Wie festgestellt wurde sind diese aber unverzichtbar und Vorrausetzung um

---

[21] Vgl. Ebd. S.75
[22] Grittner 2009. S.72

9

dem Schüler eine angemessene Fremd- und Selbstreflexion zu gewährleisten, die dann in eine differenzierte Note münden soll, welche die klassische Unterrichtsbeurteilung nicht oder nur kaum mit sich bringt. Beratungsgespräche außerhalb der Unterrichtszeit sind nicht oder nur kaum denkbar. Hier stößt das eigentlich ausgereifte Konzept durch die bereits verfestigten Schulstrukturen an seine Grenzen.

Des weiteren wurde im vorangegangenen Teil angeführt das es zwei Typen von Portfolios geben kann, zum einen das Best-Work Portfolio und das Growth Portfolio. Häcker stellt fest das Ersteres für eine Leistungsbewertung geeigneter ist da der Lehrkraft sonst die Übersicht verloren geht. Leider ist eben das Growth Portfolio geeigneter, möchte man eine umfassende und ganzheitliche Perspektive des Schülers bewerten. Denn nach dem neuen oder angepassten Leistungsbegriff sollte eher der individuelle und prozesshafte Lernerfolg des Schülers im Vordergrund stehen, welcher auch an „kleinen" Arbeiten deutlich wird.

Hier weist das Konzept noch Mängel auf wie hier festgestellt werden kann. Zwar kann die Lehrkraft dem entgegen wirken, indem sie alle Arbeiten mit einbezieht, allerdings wird dann wie bereits festgestellt die Bewertbarkeit aufgrund der Fülle der Arbeiten erschwert, was bei einer bereits umfangreichen Methode wie der des Portfolios zusätzliche Arbeit mitbringt. Hier ist danach zu fragen ob die Methode dann nicht vielleicht Klassenübergreifend durchgeführt werden kann um Kapazitäten zu schonen.

Zudem beseitigt das Portfolio nicht alle Probleme der gängigen Leistungsbewertung. Zum einen werden Wahrnehmungseffekte durch die Lehrkraft nicht oder nicht ganz ausgeräumt. Ein Schüler der bei dem Lehrer in einem nicht guten „Licht" steht, kann dies auch nicht durch die Portfolioarbeit ändern. Geschlechtsspezifische Verzerrungen ebenfalls nicht. Ein Mädchen das eine schöne Handschrift hat und sich viel Mühe bei der Gestaltung des Portfolios gibt kann den unaufgeklärten Lehrer dazu veranlassen ungerechte Abstufungen zu männlichen Schülern zu machen.

Auch die Bewertungsfehler die durch die Bedeutungszuschreibung verschiedener Fächer passiert werden durch die Portfolioarbeit nicht gelindert. Es ist gut möglich das ein Religionslehrer der auch Mathematik unterrichtet die Portfolios im Religionsunterricht wohlwollender benotet, wodurch der eigentliche Effekt der Methode verloren geht und er den Schülern auf lange Sicht sogar Schaden zufügt da er ihr Selbstbild trügen würde.

Der Konkurrenzeffekt unter den Schülern wird durch das Portfolio zwar abgeschwächt da individuell gearbeitet wird und unterschiedliche Themen weniger Vergleiche zu lassen, jedoch ist fraglich ob sich die Schüler verdeckt nicht doch über ihre Arbeiten austauschen und dann nicht doch ein „Konkurrenzgehabe" ausbricht das den Schüler in seinem selbstgesteuerten Lernen bremst. Die Note für das Portfolio würde dann am Ende unter den

Schülern in alten Verhaltensweisen verglichen und führte zu neuen Ängsten oder Unverständnis. Eine Sensibilisierung der Schüler für das Konzept des individuellen Lernens ist hier zusätzlich nötig.

Gabi Reimann, Professorin für Medienpädagogik beschreibt zwei wichtige Phänomene: Zum einen das „Over Acting", also eine Art Sammelwahn das bei dem Schüler zustande kommt weil er fürchtet alles könnte für seinen Lernprozess belegen und ist von Belang um eine gute Note zu erreichen. Zum Anderen das „Over reflecting", also das zu starke Reflektieren das den Schüler dazu veranlassen kann jegliche Verantwortung für sein Lernen bei sich zu suchen was letztlich in Versagensängsten oder Resignation münden kann. Hierdurch können im Zusammenhang mit Leistungsbewertung Ergebnisse verzerrt werden. [23]

4. Fazit

Das Portfolio ist eine chancenreiche Methode für den Unterricht im Allgemeinen. Fragt man speziell nach dem Portfolio zur Leistungsbeurteilung als eine Alternative zu der klassischen Leistungsbeurteilung so muss man feststellen, dass das Portfolio nicht als Bewertungsinstrument konzipiert ist. Es lässt sich jedoch für eine Leistungsbewertung benutzen und bringt durchaus Vorteile mit sich und leistet das was die konservative Notengebung nicht leistet, wie beispielsweise die ausgeprägte Reflexion. Auch entspricht die Beurteilung mit dem Portfolio einem aus pädagogischer Perspektive modernen Leistungsgedanken, indem das Portfolio die Leistung des Schülers individualisiert und seinen eigenen Lernprozess vorantreibt, ihn motiviert und das Lernen dadurch zu einer nachhaltigeren Sache macht.

Andererseits muss festgestellt werden das die Portfolioarbeit, möchte man sie zur Beurteilung der Schüler nutzen, einen nicht zu verachtenden Aufwand mit sich bringt der Lehrkräfte sicherlich an ihre Grenzen stoßen lässt.

Dennoch soll sich dafür ausgesprochen werden diese Grenzen auszutesten, der Sache wegen. Es wäre ein Armutszeugnis für Pädagogen wenn neue Wege nicht gegangen werden weil sie viel Kraft und Mühe erfordern. Schön wäre es dennoch wenn sich das System Schule öffnet um solche Methoden zu fördern und in der Zukunft leichter umsetzbar zu machen.

Letztlich lässt sich sagen dass das Portfolio die klassische Leistungsbewertung nicht ganz ablösen kann weil sie sich schwer in das bestehende System Schule integrieren lässt. Man

---

[23] Vgl Reimann 2010, S.7

kann sie jedoch als eine fruchtbare Ergänzung nutzen und die Bewertung dadurch differenzierter gestalten.

5. Literaturverzeichnis

Arnold Karl- Heinz, Jürgens Eiko (2001). Schülerbeurteilung ohne Zensuren. Luchterhand Verlag, Neuwied.

Grittner Frauke (2009). Leistungsbewertung mit Portfolio in der Grundschule – eine mehrperspektivische Fallstudie aus einer notenfreien sechsjährigen Grundschule. Verlag Klinkhardt, Bad Heilbrunn.

Grunder Hans-Ulrich, Bohl Thorsten (2001). Neue Formen der Leistungsbeurteilung in den Sekundarstufen I und II. Schneider Verlag, Hohengehren.

Ingenkamp Karlheinz (1974). Die Fragwürdigkeit der Zensurengebung. Beltz Verlag, Weinheim und Basel.

Jürgens Eiko (1998). Leistung und Beurteilung in der Schule. Academia Verlag, Sankt Augustin.

Wiedenhorn Thomas (2006). Das Portfolio- Konzept in der Sekundarstufe. Individualisiertes Lernen organisieren. Verlag an der Ruhr. Mülheim an der Ruhr.

Letzter Zugriff am 02.01.2014

Königsweg oder Sackgasse? Portfolios für das forschende Lernen (Hrsg. 2010).

http://gabi-reinmann.de/wp-content/uploads/2009/11/Artikel_Hamburg_CampInnovation_final.pdf